www.tredition.de

AF202812

Detlef B. Fischer

Ashtavakra-Gita

Die Einheit des Seins

www.tredition.de

© 2021 Detlef B. Fischer

Verlag und Druck:
tredition GmbH, Halenreie 40-44,
22359 Hamburg

ISBN
Paperback: 978-3-347-25322-3
Hardcover: 978-3-347-25323-0
e-Book: 978-3-347-25324-7

Ashtavakra-Gita

Die Einheit des Seins

In modernes Deutsch übertragen von

Detlef B. Fischer

Einleitung

Die Ashtavakra-Gita ist in Europa noch wenig bekannt. Sie besteht aus 298 Versen und ist damit wesentlich kürzer als die bei uns seit langem verbreitete Bhagavad-Gita. Es ist ein Text von elementarer Tiefe, dem man sich, hat man einmal zu lesen begonnen, nur schwer wieder entziehen kann. Die Ashtavakra-Gita wirkt in sich geschlossener und in ihren Kernaussagen weniger widersprüchlich als die Bhagavad-Gita. Einiges spricht dafür, dass es sich hier um das Werk eines Autors oder einiger weniger und im wesentlichen gleich gesinnter Autoren handelt. Als Verfasser der Schrift wird ein „Ashtavakra" genannt, von dem man nicht genau weiß, ob es sich um eine historische oder um eine fiktive Persönlichkeit handelt. Der Name „Ashtavakra" heißt soviel wie „achtfach verkrüppelt". Die Legende besagt, dass der noch ungeborene spätere Weise von seinem Vater verflucht worden ist und deshalb verkrüppelt geboren wurde. Ungeachtet seiner körperlichen Missbildungen soll er tiefste Weisheit besessen und als Lehrer des Patanjali gewirkt haben.

Die Ashtavakra-Gita besteht aus einem Gespräch zwischen dem Weisen Ashtavakra und seinem Schüler König Janaka. In diesem elementaren Dialog zwischen einem voll-verwirklichten Lehrer und seinem reifen Schüler, dem nur noch wenig Erkenntnis zur Reife fehlt, werden die Lehren des Advaita, der Nicht-Zweiheit allen Seins, dargelegt und in immer neuen Bildern, Gleichnissen und Formulierungen wiederholt.

Ähnlich wie die Autorschaft liegt auch die Entstehungszeit der Ashtavakra-Gita im Dunkeln. Den in Sanskrit verfassten Text halten einige Autoren für älter als die Bhagavad-Gita (2. Jh. v. Chr.). Da er aber als Standardtext des Advaita-Vedanta gilt, dessen wichtigster Vertreter, der Philosoph Shankara (788-820), wesentlich später lebte, könnte die Ashtavakra-Gita auch wesentlich jünger sein.

Ashtavakra-Gita

König Janaka:

Unterweise mich, mein erhabener Lehrer,
in der Erlangung der Erlösung. Wie kann
ich Wissen erlangen und Befreiung
erreichen?

Ashtavakra:

Mein Sohn! Trachtest du nach Erlösung,
so meide jeden weltlichen Hang wie
Gift und wandle auf dem Pfad der
Vergebung, der Barmherzigkeit und der
Rechtschaffenheit, des Wohlwollens, der
Zufriedenheit und der Wahrhaftigkeit.

*

Erkenne, dass du weder Erde, noch
Wasser, noch Feuer, noch Luft, sondern
nur der Zuschauer aller Veränderungen
der Elemente bist. Wenn du das
verstanden hast, bist du frei.

*

Kannst du dich über dein körperliches
Dasein erheben und in deinem reinen
Bewusstsein ruhen, so bist du von

jeglicher Fessel befreit und im Besitz der ewigen Seligkeit.

*

Du gehörst keiner Kaste an und bist weder Schüler, noch Hausherr, weder Waldeinsiedler, noch Bettelmönch. Niemand kann dich mit seinen Sinnen wahrnehmen. Frei von allem und gestaltlos bist du, Zuschauer des ganzen Universums. Daher merke dies und sei glücklich!

*

Tugend und Laster, Lust und Leid gehören dem Ich-Bewusstsein an, doch sie haben keine Beziehung zu dir, oh, du alles durchdringende Einheit. In Wirklichkeit bist du weder der Handelnde, noch der Genießende. Du bist von jeher ohne Anhaftung und frei.

*

Als der wahre Beobachter warst du tatsächlich immer frei. Nur weil du dich für abgetrennt vom Einen betrachtet hast, warst du gebunden.

*

Wer von der schwarzen Schlange des Ich-Bewusstseins gebissen wurde, hält sich selbst für den Vollbringer seiner Taten. Trinke den Nektar des Vertrauens, dass du nicht der Handelnde bist und lebe in ewiger Seligkeit.

*

Erkenne dich als das eine, reine
Bewusstsein, und zerstöre durch das Feuer
dieser Erkenntnis die Netze der
Unwissenheit. Und so aus den Händen der
Trübsal gerettet, atme auf!

*

Das schattenhafte Ich ist nur der
Widerschein des Trugbildes der Welt. Es
ist dem Stricke gleich, der irrtümlich für
eine Schlange gehalten wird. Du aber bist
in Wahrheit die Seligkeit, das ewige
Seligsein, das man Erwachen (*bodhi*) oder
Bewusstsein (*cit*) nennt. Daher atme auf!

*

Wer an sein von allen Bindungen freies
Sein wahrhaft glaubt, erlangt Erlösung;
doch wer sich für gebunden hält, bleibt
gebunden. Wie dein Wille, so ist dein
Geschick.

*

Das göttliche Selbst (*âtman*) ist der Herr
von allem und jedem; es ist in sich
vollkommen, es ist das Eine und Absolute,
es ist absolutes Bewusstsein (*cit*), es tut
selbst nichts, es ist von allen Bindungen
frei und in ewiger Ruhe. Nur Maya, die
Macht der Täuschung, ist die Ursache der
Verstrickung in den Kreislauf der
Verkörperungen (*samsâra*).

*

Erkenne, dass das göttliche Selbst (*âtman*)
das unendliche Bewusstsein (*brahman*) ist
und dass es in ihm keinen Schatten der

Zweiheit gibt. So wie echtes Gold in den vielfältigsten Formen und Gestalten immer doch Gold bleibt, so wird dieses alles durchdringende göttliche Leben nicht verändert, wenn ihm auch die trügerische Einteilung nach Name und Form widerfährt. Ist das Dunkel der Unwissenheit zerstreut, so wird die Außenwelt als bloßer Widerschein des inneren Selbst erkannt.

*

Oh, mein Sohn, lange, lange bist du vom Seile weltlichen Begehrens an deine Persönlichkeit gefesselt gewesen. Zerschneide jetzt dieses Seil mit dem Schwerte der Erkenntnis und atme auf!

*

Du bist ungebunden und rein und vollbringst nichts aus eigenem Willen. In allem siehst du dich selbst und dein Streben hat aufgehört, aber es ist deine Meditation, die noch Bindung erzeugt.

*

Du erfüllst das gesamte All und fürwahr, das All ruht in dir. Du bist das reine und absolute Bewusstsein. Sei nicht verzagt!

*

Trachte nach nichts, fürchte nichts, überwinde alle Schwächen und lass jeden Wunsch erkalten! Setze deiner Einsicht keine Schranken, lass deinen Geist unbezwingbar sein und verweile formlos und gelassen in dem einen Bewusstsein!

*

Du musst wissen, dass nur das Formlose,
aber nicht das Formhafte wirklich existiert.
Wenn du diese Gesetz verstanden hast,
wirst du nicht wieder geboren.

*

So wie die Oberfläche eines Spiegels
innerhalb und außerhalb des reflektierten
Spiegelbildes existiert. So existiert das
göttliche Selbst (*âtman*) sowohl innerhalb
wie auch außerhalb des Körpers.

*

So wie der alles-durchdringende Raum
sowohl innerhalb als auch außerhalb eines
Gefäßes ist, so ist auch das alles-
durchdringende Bewusstsein in allen
Wesen und Objekten.

König Janaka:

Jetzt erkenne ich, dass mein Selbst über
den Bereich der materiellen Welt (*prakriti*)
erhaben ist; denn ich bin in meinem
Wesen die lautere göttliche Vernunft
(*caitanya*). Wie seltsam, dass ich mich so
lange von der Unwissenheit täuschen ließ!

*

Indem ich diesen meinen Körper
erstrahlen lasse, lasse ich auch das gesamte
Universum leuchten, denn das ganze All
gehört mir allein oder - nichts gehört mir.

*

Oh, ich erkenne nun meine Unabhängigkeit vom Körper und von der Welt. Ich bin erhaben über alle Bedingheit und erkenne, welch ein Wunder, das höchste Selbst (*paramâtman*).

*

Wie die Wellen, der Schaum und die Wasserblasen vom Wasser nicht getrennt, sondern mit ihm eins sind, so ist das materielle Universum nichts anderes als das göttliche Selbst (*âtman*).

*

So wie ein Tuch bei genauer Betrachtung aus Fäden besteht, so erkennt der Kundige nach genauer Betrachtung die materielle Welt als Bewusstsein.

*

So wie der aus Zuckerrohr gewonnene Zucker vom Saft des Rohrs völlig durchdrungen ist, so ist auch das manifestierte Universum, das allein in mir entsteht, völlig von mir durchwirkt.

*

Nur aus Unwissenheit erscheint den Menschen das manifeste Universum als wirklich vorhanden und nur durch Verwirklichung der wahren, eigenen Natur löst dieser Irrtum sich auf. Wenn ein Seil durch Unwissenheit für eine Schlange gehalten wird, verschwindet dieser Irrglaube, wenn das Seil als Seil erkannt wird.

*

Meine wahre Natur ist nichts als Licht und mein Ich leuchtet, wenn sich das Universum manifestiert.

*

In Unkenntnis der Wahrheit, so wie sie Perlmutt für Silber, ein Seil für eine Schlange und eine Luftspiegelung für Wasser halten, halten die Menschen das manifestierte Universum für wirklich.

*

Das irdene Gefäß wird wieder zu Erde; die Wogen sinken in das Wasser zurück, aus dem sie hervorgestiegen sind und goldene Schmuckstücke sind Gold und bleiben auch Gold, wenn die Formen verschwinden. So geht auch die Welt aus meinem göttlichen Selbst hervor und kehrt schließlich in mein Selbst zurück.

*

Mein Selbst bleibt unzerstört, wenn diese vielgestaltige Welt, angefangen von ihrem Schöpfer bis hinab zum leblosen Holzpfahl, zerfällt und verschwindet. Oh! Ich verneige mich tief vor meinem Selbst (*âtman*), das kein Sterben kennt.

*

Obgleich ich diesen Körper trage, so bin ich es doch allein, der das Weltall durchdringt. Nirgends gehe ich hin, von nirgends her komme ich, darum verneige ich mich in Ehrfurcht vor meinem göttlichen Selbst.

*

Oh, welch ein Wunder ich bin! Ich grüße
mich selbst als den, der das gesamte
Universum trägt, ohne es auch nur im
geringsten zu berühren.

*

Tief neige ich mein Haupt vor meinem
Selbst, das keinen Sitz hat und doch alles
besitzt.

*

Wahrnehmer, Wahrzunehmendes und
Wahrnehmung sind drei Begriffe, die
etwas bezeichnen, das in Wahrheit nicht
vorhanden ist. Sie sind aus Unwissenheit
in dem reinen und alles umfassenden
Selbst entstanden.

*

Der Gedanke der Getrenntheit ist die
Ursache allen Kummers und die einzige
Rettung liegt in der Einsicht, dass die
wahrnehmbare Welt eine Täuschung ist
und ich identisch mit dem einen,
ungeteilten Bewusstsein bin.

*

Ich bin in Wahrheit nichts anderes als
reines Bewusstsein und alle mir zuerteilten
Bezeichnungen und Eigenschaften sind
nur aus Unwissenheit geborene
Einbildungen. Indem ich in dieser
Erkenntnis fest stehe, verweile ich in
ungetrübter Heiterkeit der Seele, von
Leidenschaften und Wünschen unbewegt.

*

Bindung und Befreiung, einmal als Illusion
erkannt, existieren für mich nicht mehr.
Oh, das ganze All ist aus mir
hervorgegangen, aber es ist nicht in mir.
Verschwunden ist meine Unwissenheit,
beruhigt sind meine Zweifel.

*

Jetzt weiß ich, das das gesamte Universum,
einschließlich meines Körpers, ohne festen
Kern ist und ich nichts als das reine
Bewusstsein bin. Was bedeuten mir noch
Worte, Lehren und Begriffe?

*

Himmel und Hölle, Freiheit und
Unfreiheit, das körperliche Dasein mit
seiner Angst: es sind Einbildungen, mit
denen ich nichts zu schaffen habe, ich, der
ich in Wirklichkeit eins bin mit dem
universellen Geist (*brahman*).

*

Auch wenn ich von der Menge des Volkes
umringt bin, fühle ich mich allein, als sei
ich mitten in den Wäldern; denn der
Begriff der Zweiheit ist völlig
verschwunden.

*

Ich bin in Wahrheit nicht der Körper und
betrachte ihn nicht als mein Eigentum. Ich
bin kein abgesondertes Einzelwesen (*jiva*),
sondern mein wahres Selbst ist gestaltlos
und umfasst das gesamte All. Es ist nur
der Durst nach dem Leben, der dich
bindet.

*

In mir, dem grenzenlosen Ozean des
Bewusstseins, haben die Regungen des
Geistes die zahllosen Welten geschaffen,
wie der Wind Wellen auf dem Meer
entstehen lässt.

*

Wenn der Sturm sich legt, versinkt in mir
das Schiff der Leidenschaften und auch
das Ich, der unselige Schiffslenker, geht
unter und Ruhe kehrt ein.

*

Oh, wie wunderbar! In mir, dem
grenzenlosen Meere des Geistes
erscheinen die Einzelseelen (*jivas*) wie
kräuselnde Wellen; sie treiben eine Zeit
lang ihr Spiel und verschwinden dann
wieder.

Ashtavakra:

Obwohl du erkannt hast, dass dein Selbst
(*âtman*) alle Dinge durchdringt und nichts
als das unzerstörbare Eine ist, bist du
immer noch an der Anhäufung von
Reichtümern interessiert. Warum ist das
so?

*

So wie die Gier nach Perlmutt in dem
entsteht, der es für Silber hält, so entsteht
die Bindung an die Sinneswelt aus der
Unkenntnis des wahren Selbst.

*

Obwohl du weißt, dass das manifestierte
Universum in dir selbst erscheint, so wie
Wellen auf dem Ozean erscheinen, lebst
du in Trübsal. Warum ist das so?

*

Wer einsieht, dass die ganze
Erscheinungswelt nur ein Blendwerk ist,
wie kann der noch von materiellen Dingen
angezogen werden und sich somit selbst
erniedrigen?

*

Ist es nicht seltsam, dass die Anhaftung an
„Ich" und „Mein" noch in einem Weisen
herrscht, der sein Selbst in allen Wesen
und alle Wesen in seinem Selbst erkannt
hat?

*

Ist es nicht seltsam, wenn einer, der die
Zweiheit überwunden hat und auf dem
Pfad der Befreiung wandelt, immer noch
dem sinnlichen Verlangen unterliegt und
von billigen Vergnügungen geschwächt
wird?

*

Ist es nicht seltsam, wenn ein Mensch, alt,
gebrechlich und offensichtlich am Ende
seiner Erdentage angekommen, nach
Sinneslüsten giert, obwohl ihm klar ist,
dass das Begehren ein Hindernis für tiefste
Erkenntnis ist?

*

Ist es nicht seltsam, dass einer, der meint,
er habe Leidenschaftslosigkeit gegenüber

der Welt entwickelt und der glaubt, er sei
imstande, zwischen dem Vergänglichen
und dem Unvergänglichen zu
unterscheiden und der sich auf dem Wege
der endgültigen Befreiung befindet, wenn
dieser sich dennoch vor der Auflösung des
Körpers ängstigt?

*

Wer erkennt, dass sein Selbst alle Dinge
durchdringt und der Gelassenheit erlangt
hat, jubelt nicht in der Zeit des Glücks und
ist in Leidenszeiten nicht betrübt.

*

Der Mann, der weiß, dass zwischen seiner
Person und einer anderen kein
Unterschied besteht, lässt Lob und Tadel
mit Gleichmut über sich ergehen.

*

Seine Einsicht, dass diese
Erscheinungswelt nur eine Trugbild ist,
macht seiner Suche nach weltlichen
Genüssen ein Ende. Auch wenn der Tod
sich ihm nähert, bleibt er ohne Furcht.

*

Wer könnte mit dem verglichen werden,
der in der Weisheit zur Ruhe gekommen
ist und der alle Wünsche, auch den nach
Befreiung, überwunden hat?

*

Wie sollte einer, der in seinem Herzen
ruhig ist und der die Phänomene
durchschaut hat, noch zwischen angenehm

und unangenehm, anziehend und
abstoßend unterscheiden?

*

In seinem Inneren von aller Unreinheit
geläutert, erhaben über die Täuschung der
Gegensätze, ungestört vom Flüstern der
Hoffnung und von Wünschen frei, wirkt
ein solcher ohne Lust und ohne Leid, was
immer ihm begegnet.

König Janaka:

Oh, mein Lehrer, wie unvergleichlich hoch
steht der stille Erkenner des wahren Selbst
(*âtman*), dem die Welt wie ein Spielzeug ist,
über allem. Aber jene, die die Welt für
wirklich halten, tragen schwer an ihr, wie
Tiere, die Lasten auf ihrem Rücken tragen.

*

Der Yogin verweilt unbewegt in dem
erhabenen Zustand, nach dessen
Erlangung selbst die Halbgötter (*devas*)
große Sehnsucht haben, ohne stolz oder
überheblich zu sein.

*

Wer die göttliche Selbsterkenntnis besitzt,
wird von Laster und Tugend so wenig
berührt, wie der Himmel nicht vom Rauch
berührt wird, der in ihn aufsteigt.

*

Wer könnte den Weisen, dem bewusst ist,
dass sein wahres, unsichtbares Selbst
(*âtman*) mit der Erscheinungswelt (*samsâra*)

identisch ist, davon abhalten, zu tun, was
ihm beliebt?

*

Er ist frei von Verlangen und Ablehnung
gegenüber den Dingen der Welt, ob es sich
um ein Stück Holz handelt oder um den
Weltenschöpfer (*brahmâ*) selbst.

*

Wahrlich selten sind jene, die Brahman,
das Eine ohne Zweiheit, erkennen. Sie, die
man die Herrscher des Universums
nennen kann, leben ohne Furcht und tun
was ihnen gefällt.

Ashtavakra:

Wie sollte einem, der erkannt hat, dass er
das reine, an nichts gebundene Sein selbst
ist, etwas fehlen? Wer sich von der
Illusion, der physische Körper und das
eigene, abgegrenzte Ich zu sein, befreit,
der hat alles getan, worauf es ankommt.

*

Sei gewiss, dass die phänomenale Welt in
dir, dem ungeteilten Einen, entsteht, wie
Wellen auf der Oberfläche des Meeres
entstehen und trete ein in den Zustand der
Gelassenheit.

*

Sei gewiss, dass die gegenständliche Welt
ein Zaubertrug ist, auch wenn sie den
Sinnen als wirklich erscheint. Die
Außenwelt ist so wenig vorhanden, wie

eine Schlange, die in Wahrheit ein Seil ist.
Erkenne dies und trete ein in den Zustand
der Gelassenheit.

*

Versenke dich in dich selbst! Betrachte
Schmerz und Lust, Hoffnung und
Verzweiflung, Leben und Tod als ein und
dasselbe und gehe so in das Höchste ein.

König Janaka:

Während die Erscheinungswelt wie ein
Gefäß aus Ton ist, bin ich, ausgestattet mit
dem heiligen Wissen, wie der unendliche
Raum. Daher gibt es für mich weder
Entsagung, noch Anhaftung, noch
Erlösung.

*

Ich bin wie das weite Meer und die
Erscheinungswelt ist wie eine Welle, das
habe ich erkannt. Daher gibt es für mich
weder Ablehnung, noch Bejahung, noch
Erlösung.

*

Ich bin wie Perlmutt und die
Erscheinungswelt ist wie irrtümlich dafür
gehaltenes Silber, das habe ich erkannt.
Daher gibt es für mich weder Ablehnung,
noch Bejahung, noch Erlösung.

*

Ich bin tatsächlich in allen Wesen und alle
Wesen sind in mir, das habe ich erkannt.

Daher gibt es für mich weder Ablehnung, noch Bejahung, noch Erlösung.

*

In mir, dem weiten Ozean, wird das kleine Boot der Erscheinungswelt umhergeworfen, getrieben vom Winde meiner Einbildung. Mich aber berührt das nicht.

*

In mir, dem grenzenlosen Ozean, entstehen und vergehen die Wellen der materiellen Welt gemäß der ihnen eigenen Natur. Ich aber bleibe unberührt von Aufstieg und Niederfall.

*

In mir, dem unendlichen Ozean, schwimmt die Illusion der Erscheinungswelt, aber formlos, wie ich bin, bleibe ich ruhig und gelassen an meinem eigentlichen Ort.

*

Das wahre Selbst ist nicht in den Dingen und die Dinge sind nicht im wahren Selbst, das unendlich und fleckenlos ist. Es ist still und frei von Anhaftung und Begehren und es ist mein eigentlicher Ort.

*

Es ist in der Tat nur reines Bewusstsein, was ich bin. Die Erscheinungswelt ist so illusionär wie die Inszenierung eines Zauberers, wie könnte es da noch Begehren oder Ablehnung geben?

Ashtavakra:

Einen Unerlösten (*baddha*) nennt man den Menschen, dessen Gemüt von Wünschen beherrscht wird, der sich mit Dingen verbindet und von Dingen trennt, der mal zornig, mal heiter ist.

*

Einen Erlösten (*mukta*) aber nennt man den Menschen, der nichts wünscht und nichts bedauert, der sich von nichts trennt und sich mit nichts verbindet, der weder zornig noch heiter ist.

*

Ein Mensch wird gefesselt genannt, wenn ihn die mannigfaltigen Erscheinungs-formen anziehen; befreit wird er genannt, wenn er an nichts mehr hängt.

*

Die Seele (*jiva*) ist unerlöst, solange die Illusion der Getrenntheit noch in ihr lebt. Wenn aber das Bewusstsein des Eigenseins aus ihr entschwunden ist, ist die Seele erlöst. Daher lass davon ab, dich in Anziehung und Ablehnung zu verstricken.

*

Schenke mir Gehör, denn was will ich als dein Guru anderes, als dich auf den Pfad der Erlösung zu führen? Unablässig wechseln die stofflichen Formen; niemand weiß, wann das Spiel der Gegensätze begann und wann es endet. Wenn du Begehren durch Gleichmut ersetzen kannst, bist du frei, denn das Begehren

bindet dich an die vielgestaltige Welt; gib
es für immer auf!

∗

Wahrlich selten ist ein Mensch, dessen
Verlangen nach Leben, Vergnügen und
Wissen allein durch Einsicht in die wahre
Natur der Dinge erloschen ist.

∗

Hast du das Begehren gelassen, so hast du
das Weltengetriebe verlassen, gleichwohl
ob du im Dickicht des Waldes lebst oder
in der Stadt. Wisse, dass die Dinge der
Welt ohne Substanz und ohne Dauer sind
und schenke ihnen keine Beachtung.

∗

Gab es je eine Zeit, in der die Menschen
sich nicht in den Gegensätzen verfangen
hatten? Wer sich daraus befreit und
zufrieden annimmt, was immer ihm
begegnet, erlangt Freiheit und höchstes
Entzücken.

∗

Wie sollte einer nicht zu Geistesruhe und
Gelassenheit kommen, der um die
verschiedenen Meinungen der zahllosen
Seher, Heiligen und Yogis weiß?

∗

Ist nicht er selbst der wahrhaft Wissende,
der sich seiner Natur als reines
Bewusstsein gewiss ist und der sich durch
Gleichmut, Geduld und logisches Denken
vom Weltenlauf (*samsâra*) getrennt hat?

∗

Erkenne die Erscheinungswelt als das, was sie wirklich ist: Zusammenspiel, Muster und Verwandlung der fünf Elemente. Dann verlischt dein Begehren nach weltlichen Dingen und du wohnst in deinem wahren Selbst.

*

Wünsche, Pläne und Absichten sind die Wurzel des Weltenlaufs (*samsâra*). Verzichtest du auf Wünsche, Pläne und Absichten, erreichst du Leidenschaftslosigkeit gegenüber der Welt und Frieden in deinem Geist, dann ist die Welt dein Zuhause.

*

Gib das Verlangen nach materiellem Wohlstand auf, der ein großes Hindernis auf dem Wege ist. Unterlasse auch das Vollbringen guter Taten, deren Ziel es ist, etwas zu erreichen – sei über beides erhaben.

*

Betrachte die wenigen Tage deines Lebens als eine Reihe von Traumbildern und deine Freunde, Ländereien, Frauen, Reichtum und alles, was du hast, sieh als das Gaukelspiel eines Magiers an.

*

Denke immer daran, dass dort, wo es Wünsche gibt, auch der Weltenlauf (*samsâra*) existiert. Erhebe dich, geübt in Leidenschaftslosigkeit, über alles Begehren und lebe glücklich.

*

Im Begehren liegt die Bindung und in der
Überwindung des Verlangens liegt die
Befreiung. Nur jene, die sich lösen können
vom Verlangen nach den Dingen der
Erscheinungswelt, erlangen die immer
während Freude der Selbstverwirk-
lichung.

*

Du bist nichts als das reine Bewusstsein.
So wie das materielle Universum
illusorisch ist und nicht existiert, ist auch
Unwissenheit illusorisch und nicht wirklich
vorhanden. Warum suchst du nach
Wissen?

*

Dein Königreich, deine Frau, deine
Kinder, dein Körper und deine
Vergnügungen, sie wurden dir mit jedem
irdischen Dasein genommen, obwohl du
sie liebtest. Wie kannst du dein Herz an sie
hängen?

*

Beende die Suche nach Reichtum, strebe
nicht nach der Erfüllung von Wünschen
und hoffe nicht auf die Frucht guter
Werke. Dein ruheloser Geist fand niemals
Ruhe in der öden Wüste des Weltenlaufs.

*

Hast du nicht schon während zahlloser
Erdenleben nach Befriedigung deiner
Wünsche getrachtet? Du hast mit deinem
Körper, deinem Verstand und der Sprache

harte Arbeit geleistet und du hast doch
keinen Frieden erlangt! Fürwahr, es ist Zeit
für dich, endlich einzugehen in die Stätte
des wunschlosen Friedens.

*

Wer wahrhaftig erkannt hat, dass das
Erscheinen, Verschwinden und die
unablässige Verwandlung der stofflichen
Formen in der Natur durch die ihnen
innewohnenden Gesetze bewirkt wird, lebt
friedvoll, gelassen und ist von Trübsal frei.

*

Wer wahrhaftig erkannt hat, dass die
Erscheinungswelt nichts anderes ist als das
göttliche Sein, das allen Erscheinungs-
formen innewohnt, lebt zufrieden und
unberührt von den Wechselfällen des
Lebens.

*

Wer wahrhaftig erkannt hat, dass Not und
Wohlstand aufgrund des Karma-Gesetzes
die Frucht vergangener Taten sind, übt
sich in Zügelung der Sinne, in
Verminderung der Wünsche und lebt ohne
Kummer.

*

Wer wahrhaftig erkannt hat, dass Glück
und Unglück, Geburt und Tod durch den
natürlichen Prozess der Kausalität
hervorgerufen werden, bleibt ohne
Verlangen, etwas zu vollbringen.
Konzentriert auf das, was er gerade tut, ist
er von Ängsten frei.

*

Wer wahrhaftig erkannt hat, dass die
Angst der Menschen die Ursache allen
Elends in der Welt ist, lebt, nachdem er
alles Begehren aufgegeben hat, frei von
Angst, glücklich und friedvoll.

*

Wer wahrhaftig erkannt hat, dass er nicht
der Körper und der Körper nicht sein ist,
der stattdessen weiß, dass er reines
Bewusstsein ist, wer solche Erkenntnis
besitzt, lebt erhaben über die
Veränderungen der materiellen Welt und
verweilt in Gelassenheit.

*

Wer wahrhaftig erkannt hat, dass vom
Grashalm an bis zu Gott Brahma hin alles
er selbst ist, bleibt von dem störenden
Einfluss der Gedanken frei und hegt
Gleichmut gegenüber Gewinn und
Verlust.

*

Wer wahrhaftig erkannt hat, dass das
gesamte Universum mit all seinen
vielfältigen und wunderbaren
Erscheinungen ohne wirkliche Substanz
ist, lebt frei von Wünschen und ist von der
Wonne der Einheit erfüllt.

König Janaka:

Das Hörbare, das Fühlbare, das Sichtbare,
das Schmeckbare und das Riechbare übt
auf mich keine Anziehungskraft mehr aus.
Weil ich auch nicht nach dem gestaltlosen
Âtman strebe, ist mein Geist leer und
verweilt in seinem natürlichen Zustand.

*

Weder an Worte noch an Sinnliches
gebunden, wissend, dass das wahre Selbst
(*âtman*) kein Objekt der
Sinneswahrnehmung ist, bleibt mein Geist
von Ablenkungen frei und verweilt in
seinem natürlichen Zustand.

*

Auch ist mir klar, dass alle Übungen und
Meditationen denen auferlegt werden,
deren Geist rastlos und ohne Zentrum ist.
Daher verweile ich ruhig und zentriert in
meinem natürlichen Zustand.

*

Oh, Brahman, die Gegensätze der
Erscheinungswelt, Vergnügen und
Schmerz, Anziehung und Ablehnung, habe
ich als Illusion durchschaut. Daher
verweile ich, in mir selbst ruhend und
unzerstreut in meinem natürlichen
Zustand.

*

Erkannt habe ich, dass die bürgerlichen
Konventionen eine Beschränkung meiner

Bestimmung und die vorgeschriebenen Disziplinen, Übungen und Praktiken nur Ablenkungen sind. Daher verweile ich frei und ungehindert von Pflichten und Traditionen in meinem natürlichen Zustand.

*

Auch habe ich eingesehen, dass selbst auferlegte Untätigkeit ebenso wie willentliches Handeln die Folge von Unwissenheit sind. Daher verweile ich, weder Untätigkeit suchend noch Tätigkeit vermeidend, in meinem natürlichen Zustand.

*

Wer denkend das Unerforschliche zu begreifen sucht, bleibt in seinen eigenen Vorstellungen gefangen. Da ich das weiß, ergehe ich mich nicht mehr in weitschweifigen Gedanken an das Göttliche (*brahman*), sondern bleibe unabgelenkt und gelassen in meinem ursprünglichen Zustand.

*

Gesegnet ist jener, der dies verwirklicht hat. Gesegnet ist in der Tat jener, dem dies zu seiner wahren Natur geworden ist.

*

Der Friede, der aus der Erkenntnis erwächst, dass die gesamte Erscheinungswelt nur eine Täuschung ist, wird sogar jenen nur selten zuteil, die nichts weiter als einen Lendenschurz besitzen. Daher verweile ich, jenseits von Anhaftung und Entsagung, in meinem natürlichen Zustand.

*

Da gibt es einerseits die Ermüdung des Körpers, andererseits die Erschöpfung der Zunge und noch irgendwo den nagenden Kummer des Alltagsgeistes. Daher verweile ich frei von Geschäftigkeit und Mühsal in meinem natürlichen Zustand.

*

Ich habe verstanden, dass das All-Selbst zwar wirkt, aber eigentlich nichts tut; deshalb lebe ich in meinem natürlichen Zustand und vollbringe nur die Taten, die der natürliche Lauf der Dinge von mir verlangt.

*

All jene Wahrheit-Suchenden, die noch denken, mit ihrem Körper identisch zu sein, verstricken sich in Tätigkeit und Nichttätigkeit. Mich aber, der sich vom Körper gelöst hat, zieht nichts mehr an und daher verweile ich in meinem natürlichen Zustand.

*

Die Wirkung meiner Unterlassungen und Handlungen, Erfolg oder Misserfolg kenne ich nicht, denn ich achte nicht auf die Frucht meiner Werke. Ob sich mein Körper und Geist in Tätigkeit, Ruhe oder im Schlaf befinden, stets verweile ich in meinem natürlichen Zustand.

*

Wenn ich mich ausruhe, verliere ich nichts und wenn ich mich anstrenge, gewinne ich nichts hinzu. Jenseits allen Spekulierens auf Gewinn oder Verlust verweile ich glücklich in meinem natürlichen Zustand.

*

Immer und immer wieder habe ich die Flüchtigkeit aller Arten von Vergnügungen kennen gelernt. Daher bleibe ich gleichgültig gegenüber allen Lüsten und verweile glücklich in meinem natürlichen Zustand.

*

Wer in dieser Weise sein Gemüt von jeder Geschäftigkeit rein hält und sich mit weltlichen Angelegenheiten befasst ohne Gewinn zu erwarten, verweilt in seinem natürlichen Zustand und geht durch das Leben wie im Schlaf.

*

Welche Bedeutung haben für den, dessen Wünsche verschwunden sind, noch Sinnesobjekte, Reichtum und Freunde? Was könnten Diebe ihm stehlen und welchen Wert haben für ihn noch Wissen und heilige Schriften?

*

Für mich, der ich die Einheit mit dem höchsten Absoluten (*brahman*) erkannt habe, gibt es nur noch Gleichgültigkeit gegenüber Verhaftung und Befreiung. An

nichts habe ich mehr ein besonderes
Interesse, nicht einmal an der Erleuchtung.

*

Ein Mensch, der in dem über die
Gedankentätigkeit erhabenen Bewusstsein
wohnt und sein Leben gelassen
dahinströmen lässt, als sei er dessen
unparteiischer Zeuge, kann nur von denen
verstanden werden, die so sind wie er.

Ashtavakra:

Ein Mensch mit wachem Geist wird auch dann
erwachen, wenn er nur beiläufig von der Wahrheit
hört. Jener aber, dessen Geist verdunkelt ist, wird
nach einer ganzen Lebensspanne noch verwirrt
umherirren, auch wenn er gut unterrichtet wurde.

*

Hast du die Bindung an die Sinnesobjekte
überwunden, bist du frei, denn die Anhaftung an
Sinnesobjekte ist es, die das Wissen darum
verdunkelt, dass du das All-Selbst bist, das über die
materielle Welt (*prakriti*) erhaben ist. Lass dich
nicht blenden!

*

Das Wissen um diese erhabene Wahrheit scheint
wortgewandte und rastlos tätige Menschen
schwerfällig und träge zu machen. Für Menschen
dieser Welt, die weiterhin die Freuden der Sinne
genießen wollen, ist daher das Wissen um die
Wahrheit nicht erstrebenswert.

*

Weder bist du mit dem Körper identisch, noch gehört der Körper dir. Weder bist du der Handelnde noch der passiv Erduldende. Du bist nichts als das reine, unbefleckte Bewusstsein, der unbeteiligte Beobachter von allem, was ist. Sei glücklich!

*

Die Anziehung von schönen, angenehmen Dingen und der Ekel vor hässlichen, abstoßenden Dingen sind Aspekte des unterscheidenden Denkens. Du aber bist nichts als das eine, unveränderliche Bewusstsein, jenseits aller Unterscheidungen und Wertungen. Lebe glücklich!

*

Erkenne das Selbst in allem und alles im Selbst, bleibe frei von den Empfindungen, die das unterscheidende Denken hervorruft und sei glücklich!

*

Oh, reiner, allumfassender Geist, in dir erscheint wahrlich das materielle Universum, wie Wellen auf dem Ozean erscheinen. Bleibe für immer frei von den Bekümmernissen des denkenden Verstandes.

*

Mein Sohn, vertraue mir und lass dich nicht verwirren oder täuschen. Du bist selbst das Wissen und der Meister; du bist das Bewusstsein, das jeder entstehenden Form vorausgeht.

*

Der Körper setzt sich aus fünf Elementen zusammen, die kommen, eine Weile bleiben und verschwinden. Das wahre Selbst (*âtman*) aber kommt nicht und schwindet nicht. Warum also

sollte man den Verlust des Körpers bedauern? Sei
ohne Furcht!

*

Wenn du verstanden hast, dass du nichts als das
wahre Selbst bist, was sollte es dir dann noch
bedeuten, ob dein Körper für immer besteht oder
ob er in diesem Moment vergeht?

*

Lass die Wellen des Entstehens und Vergehens von
Dingen ungehindert in dir, dem grenzenlosen
Ozean, erscheinen. Wenn Dinge entstehen,
gewinnst du nichts hinzu, wenn Dinge vergehen,
erleidest du keinen Verlust.

*

Du bist das göttliche Selbst, mein Sohn, in dem das
ganze Universum entsteht und vergeht. Du bist
eins und unteilbar, wie könnte da noch etwas gut
oder schlecht sein?

*

Wie könnte es für dich, dem einen, fleckenlosen
Bewusstsein noch Geburt, Geschäftigkeit oder ein
Ich-Selbst geben?

*

Du wohnst in allem, was da ist, so wie das Gold
allen goldenen Schmuckstücken innewohnt.

*

Lass in dir kein Gefühl der Unterscheidung
zwischen dir und anderem bestehen! Betrachte
alles als dein Selbst und so sei glücklich und frei
von Gedanken!

*

Nur aus Unwissenheit existiert das materielle
Universum. Außerhalb deines Geistes, der einzigen

Wirklichkeit, existiert nichts, auch kein individuelles oder transzendentes Selbst.

*

Wenn du aus tiefster Überzeugung verstanden hast, dass das Universum unwirklich wie ein Traum ist, wirst du frei von Lust und Verlangen. Wenn du einsiehst, dass es nichts als den einen Geist gibt, lebst du in Frieden und Gelassenheit.

*

Sei gewiss, dass der gewaltige Ozean des manifestierten Universums nichts als Bewusstsein ist. Anhaftung und Befreiung betreffen dich nicht. Lebe frei und glücklich!

*

Oh du, der du reines Bewusstsein bist, quäle deinen Verstand nicht länger mit Ja und mit Nein. Sei erfüllt vom Frieden des göttlichen Atman und atme auf!

*

Verstricke dich nicht in dein Denken! Verbanne alle Glaubensbekenntnisse und Gedankengebäude, gleich welcher Art, aus dir. Du bist reines Bewusstsein, was brauchst du Gedanken?

*

Wenn du diese Welt der Täuschung nicht völlig aus deinem Bewusstsein entfernst, wirst du das wahre Glück nicht erlangen, selbst wenn du alle religiösen Schriften liest und die Götter zu Lehrern hast. Doch wenn dein Geist keine weltlichen Absichten mehr hegt, wirst du friedvoll im All-Einen verweilen.

*

Ob du dich mit Arbeit beschäftigst, an Vergnügen erfreust oder Meditationen genießt, immer bleibt ein Bestreben nach dem ursprünglichen Zustand in dir, dem Bereich, der aller Gestaltung vorausgeht und in dem alles Begehren nach weltlichen Dingen ausgelöscht ist.

*

Alle Menschen suchen nach dem Glück und bleiben doch unglücklich. Sie verstehen nicht, dass es die Suche nach dem Glück ist, die das Glücklichsein verhindert. Wer dieses versteht, erreicht das große Erwachen.

*

Glück wird nur den Meistern der Untätigkeit zuteil, denen sogar ein natürlicher Vorgang, wie das Öffnen und Schließen der Augen, eine Anstrengung ist.

*

Wenn der Geist von den Gegensätzen wie „Dies ist ist getan, jenes aber noch nicht" befreit ist, erlangt er Gleichmut gegenüber Gerechtigkeit, Besitz, Sinnesfreuden und auch Befreiung.

*

Wer den Sinnesfreuden entsagt, wird ein Asket genannt, wer sie begehrt, wird als Lüstling bezeichnet. Aber der, welcher weder entsagt noch begehrt, entzieht sich ihrem Einfluss.

*

Die Wurzel allen Begehrens nach Sinnesobjekten ist die Unwissenheit. Solange das Begehren anhält, entstehen angenehme und unangenehme Gefühle, welche die die Zweige und Knospen am Baume des Weltenlaufs (*samsâra*) sind.

*

Taten, die mit der Anhaftung an die Welt
vollbracht werden, gebären Sorgen. Aber nur
wenige sehen das ein! Doch nicht nur Begierde
sondern auch Abscheu fesselt. Frei ist nur, wer von
beidem frei ist. Frei von Neigung und Abneigung
lebt der Einsichtige unbekümmert wie ein Kind.

*

Wer die Welt verlassen möchte, um dem Schmerz
zu entgehen und um Glückseligkeit zu gewinnen,
liegt noch in den Fesseln der Abstoßung und
Anziehung. Wahrhaft erlöst ist nur der, welcher
erhaben ist über die Sehnsucht nach Seligkeit und
die Furcht vor Leid.

*

Wer nach der Wahrheit sucht und dennoch
weiterhin seinen Körper für sein Selbst hält, der
kann weder eine Wissender (*jnani*) noch ein
Übender (*yogi*) genannt werden. Er ist nur ein
trüber Geist.

*

Erst wenn du alles vollkommen überwunden und
aufgegeben hast, kannst du im All-Einen
verwurzelt sein. Sind aber nicht alle Anhaftungen
gelöst, dringst du ins All-Eine nicht ein, selbst
wenn Shiva, Vishnu oder Brahma dein Lehrer ist.

*

Allein jene, deren Sinne beruhigt und nicht mehr
an die Dinge dieser Welt geheftet sind und die ihr
Einssein mit dem Universum in tiefster Gewissheit
genießen, können Wissende (*jnani*) oder Übende
(*yogi*) genannt werden.

*

Oh, du Wissender, niemals können Kummer und
Elend dich erreichen, denn du selbst bist es, von
dem das ganze Universum erfüllt ist.

*

So wenig wie die bitteren Blätter des Neembaumes
einen Elefanten anziehen, der einmal die süßen
Blätter des Sallakibaumes genossen hat, so wenig
ziehen den, der im wahren Selbst verweilt, die
Dinge dieser Welt noch an.

*

Nur selten sind jene in dieser Welt zu finden, bei
denen Erfahrungen keine Spuren hinterlassen und
die sich nach Sinnesfreuden nicht sehnen.

*

Zahlreich sind die Genusssüchtigen und die nach
Befreiung (*moksha*) suchenden Menschen in der
Welt. Doch selten sind die großen Seelen, die
weder nach Sinnenlust noch nach Befreiung
begehren.

*

Diese gesegneten Menschen, denen der
Fortbestand des Universums so recht ist wie
dessen Auflösung, leben in vollkommenem
Frieden.

*

Im Besitze der wahren Erkenntnis sind sie ohne
Neigungen und zufrieden mit dem, was das Leben
ihnen zuträgt.

*

Das höchste Wissen ist die Einsicht in die Nicht-
Zweiheit (*advaita*). Auch wenn die Wissenden
sehen, hören, fühlen, riechen und schmecken wie

andere Menschen auch, stört das den Frieden ihrer Seele nicht.

*

Weder angezogen von den Dingen dieser Welt noch von ihnen abgestoßen ist der Weise. Nicht mehr umhergeworfen im Meer des Weltenlaufs (*samsâra*) ist sein Blick leer, seine Arbeit ohne Absicht und seine Sinne ungebunden. Welcher Zustand könnte erhabener sein als der des Erlösten (*mukta*)?

*

Der Erlöste ist in jeder Lebenslage glücklich. Er ist weder wach, noch schläft er und seine Augen sind weder offen noch geschlossen.

*

Immer im Selbst verweilend und reinen Herzens können ihn Sitte und Tradition nicht mehr begrenzen.

*

Jenseits von Anstrengung und Nichtanstrengung sieht, hört, berührt, riecht, denkt und geht die große Seele. Sie ist wahrlich frei.

*

Von nichts spricht der Erlöste Übles und nichts lobpreist er. Nichts erfreut ihn und nichts erzürnt ihn. Frei von der Anhaftung an Dinge gibt er nicht und empfängt er nicht.

*

Mag er nun einer lieblichen Frau oder dem unmittelbar drohenden Tode ins Auge sehen, der Gleichmut seines Gemüts bleibt unerschüttert. Er ist ist frei.

*

Ihm sind Lust und Leid, Mann und Weib, Glück und Unglück ohne Unterschied dasselbe.

*

Hass und Vorliebe, Aufregung, Empfindsamkeit, Erstaunen und Kummer finden keinen Raum in seinem gänzlich zur Ruhe gekommenen Herzen.

*

Er hat die Gegenstände der Welt nicht lieb, noch verabscheut er sie. Unbeteiligt nimmt der Erlöste (*mukta*) hin, was sein Schicksal ihm beschert.

*

Immer verweilend im grenzenlosen, leeren Geist, teilt der Weise die Welt nicht mehr ein in „richtig" und „falsch" oder in „gut" und „schlecht".

*

Frei vom Gefühl des „ich" und des „mein" und der Unwirklichkeit der Welt gewiss, ist sein Geist von Hoffnung und Eigennutz frei. Demgemäß tut er im Grunde nichts, auch wenn er tätig ist.

*

Oh, über alle Beschreibung erhaben ist der Zustand, den der Erlöste (*mukta*) erreicht hat, befreit von Unwissenheit, geläutert von Träumerei, frei von Trägheit und Erregung. Wie erhaben ist der Erlöste!

*

Voller Frieden und erfüllt von der aus sich selbst leuchtenden Wonne des Geistes erkennt er die materielle Welt als das Traumgebilde eines Toren.

*

Zahlreich sind die flüchtigen Wonnen, die durch die Sinnesobjekte erlebt werden können, doch

wahres, dauerhaftes Glück kann nur durch die
Aufgabe dieser Dinge erlangt werden.

*

Erst wessen „ich" und „mein" von der Sonnenglut
der Sorgen versengt ist und wer von allen Pflichten
frei geworden ist, kann das Glück der
Wunschlosigkeit wirklich genießen.

*

Nichts als eine Manifestation des göttlichen Selbst
(*brahman*) ist dieses Universum. Aus nichts
bestehend, geht es in Existenz und Nicht-Existenz
nie verloren.

*

Ohne Substanz ist dieses Bewusstsein, makellos,
unveränderlich und ohne Ort. Es ist weder fern,
noch nahe, ist keinen Begrenzungen unterworfen
und immer gegenwärtig.

*

Wenn die Illusion einer materiellen Wirklichkeit
sich auflöst, ist das wesentliche Hindernis zur
wahren Erkenntnis beseitigt. Friede kehrt ein und
die Sorgen zerstreuen sich.

*

Wie könnte einer, der weiß, dass alles Sichtbare ein
Phantasiegebilde ist und dass das Un-Bedingte und
Eine das eigene Selbst ist, noch töricht handeln wie
ein Kind?

*

Wie könnte es für jemanden, der weiß, dass die
eigene Natur Bewusstsein ist und der weiß, dass
Existenz und Nicht-Existenz Phantasiegebilde
sind, wie könnte es für einen solchen, der ohne

Wünsche ist, noch etwas zu denken, zu reden oder zu tun geben?

∗

Wer sagt „Ich bin dieses" oder „Ich bin nicht dieses", denkt beschränkt. Der weise Yogi sagt nicht das eine und auch nicht das andere, da er weiß, dass alles das göttliche Selbst ist. Sein Gemüt hat Frieden gefunden und er ist nicht mehr rastlos.

∗

Der weise Yogi, der still im Selbst ruht, kümmert sich nicht mehr um Ablenkung und Konzentration, weder um Wissen noch um Unwissenheit, weder um Freude noch um Leid.

∗

Reichtum und Armut, Gewinn und Verlust, die Gesellschaft von Menschen und Einsamkeit sind für ihn, den Yogi, der jede Spur der Zweiheit in sich getilgt hat, ein und dasselbe.

∗

Wie sollte es für den weisen Yogi, der die Polaritäten von „Dies ist getan, aber jenes noch nicht" überwunden hat, noch ein Interesse an Pflichten, Wohlstand, Vergnügen oder Ablehnung geben?

∗

Für den befreiten Weisen existieren weder Aufgabe noch Anhaftung. Alles, was er tut, bleibt von seinen Absichten und seinem Willen unberührt.

∗

Wie könnte es für den befreiten Weisen, der alle Begrifflichkeit überwunden hat, noch Täuschung, materielle Dinge, Entsagung von materiellen Dingen oder Befreiung geben?

*

Jene, die das materielle Universum als Tatsache
ansehen, müssen seine Existenz erst noch
umständlich verneinen. Doch jene, die ohne
Begriffe von Existenz und Nicht-Existenz sind,
nehmen das materielle Universum wahr und sehen
es dennoch nicht.

*

Jene, die das All-Eine (*brahman*) als etwas von ihnen
Verschiedenes ansehen, müssen noch über die
Aussage „Ich bin Brahman!" meditieren. Doch für
jene, die alle Begriffe hinter sich gelassen haben
und nirgendwo mehr etwas anderes als sich selbst
sehen, gibt es nichts mehr, über das sie meditieren
müssten.

*

Jene, deren Geist von Verwirrung heimgesucht
wird, halten es für wichtig, diesen zu kontrollieren.
Doch jene Erhabenen, denen alle Verwirrung
fremd geworden ist, was gibt es für sie noch zu
tun?

*

Auf den ersten Blick scheint der befreite Weise wie
ein gewöhnlicher Mensch zu sein, aber es gibt
einen entscheidenden Unterschied: Er weiß, dass
alles, was existiert, nichts als Bewusstsein ist. Daher
sind für ihn Konzentration und Ablenkung ohne
Bedeutung.

*

Den Schein von Existenz und Nicht-Existenz
durchschauend und frei von Wünschen tut der
Weise nichts mehr, auch wenn er beschäftigt ist.

*

Er ist weder ins Tun, noch ins Nicht-Tun
verstrickt. Er lebt frei von jedem Streben und
erfüllt von dem aus dem Frieden geborenen Glück
vollbringt er nur die Aufgaben, die von selber an
ihn herantreten.

*

Auch der Organismus des Erlösten ist den
Gesetzen der Natur unterworfen, aber frei und
wunschlos lässt sich der Weise umherwerfen von
der Kausalität wie ein trockenes Blatt im Wind.

*

Ohne Anhaftung und deshalb ohne Sorgen ist er,
der die Welt überwunden hat. Nichts erregt ihn,
nichts erhofft er und er hegt auch keine Zweifel.
Von Grund auf beruhigt und glückselig ist der bei
Lebzeiten Erlöste (*jivan-mukta*).

*

Ständig im Selbst verweilend, ruhigen Geistes, gibt
es nichts mehr, von dem er sich lösen müsste.
Weder Verlust noch Gewinn können ihm etwas
bedeuten.

*

Unbewegt im leeren Geist verweilend, spontan und
natürlich lebend, nimmt er alles, wie es ihm
begegnet. Im Unterschied zu den gewöhnlichen
Menschen wird er nicht berührt von Ehre und
Schande.

*

Er weiß, dass alles, was sein Körper und sein Ich
tun, die Aktivität des All-Einen ist. Daher tut er im
Grunde nichts, auch wenn er tätig ist.

*

Die Handlungen des Erlösten werden nicht von seinem Eigenwillen gelenkt und dennoch sind es nicht die Taten eines Narren. Wie ein Kind lebt und wirkt er in der Welt und sein Herz ist voll Weisheit.

*

Der geistig Unbewegte ist immer in Ruhe. An Streitgesprächen und geistigen Beschäftigungen ist er nicht mehr interessiert. Das Denken, Wissen, Hören und Disputieren hat er überwunden.

*

Da der Geist des Weisen nicht mehr von Gedanken beunruhigt oder erregt wird, hat Meditation keine Bedeutung mehr für ihn. Hat er einmal verstanden, dass das gesamte manifestierte Universum nichts als ein Phantasiegebilde ist, existiert er als reines Bewusstsein.

*

Ruhig geworden und frei von Wünschen tut der Befreite (*mukta*) nichts, auch wenn er arbeitet. Der Eigennützige wirkt, auch wenn er untätig ist, der Uneigennützige aber wirkt nicht, selbst wenn er tätig ist.

*

Der Geist des Erlösten ist reglos, absichtslos und still. Weder erregt noch angespannt leuchtet er, ungehindert von allen Zweifeln.

*

Der Geist des Erlösten beschäftigt sich nicht mit mentalen Interessen oder anderen Beschäftigungen. Aber wenn solche an ihn herantreten, geht er natürlich und spontan mit ihnen um.

*

Wenn ein Unwissender die Wahrheit vernimmt,
verwirrt sie ihn zutiefst. Vernimmt sie ein sehr
intelligenter Mensch, wirft sie ihn auf sich selbst
zurück, so dass er anderen geistig träge erscheint.

*

Verwirrte und unwissende Menschen sind ständig
bemüht, sich in Meditation und Konzentration zu
üben, um somit den unruhigen Geist zu
kontrollieren. Der erlöste Weise sieht dazu keinen
Anlass mehr.

*

Verwirrte und unwissende Menschen erlangen
Ruhe weder durch Tätigkeit noch durch
Untätigkeit. Der Weise aber ist ruhig, weil er weiß,
dass es nichts zu tun gibt.

*

Nicht zu ihrer wahren Natur gelangen all jene, die
sich rastlos spirituellen Übungen hingeben. Um
wirklich Reinheit, Intelligenz, Liebe und
Vollkommenheit zu übersteigen, braucht es solche
Praktiken nicht.

*

Verwirrte und unwissende Menschen gelangen
nicht zur Befreiung, auch wenn sie allerhand
Methoden und Praktiken anwenden, um den Geist
zu kontrollieren. Der Weise ist allein durch
Gelassenheit und Intuition im All-Einen verankert.

*

Verwirrte und unwissende Menschen erreichen
Brahman nicht, obwohl sie sich danach sehnen.
Der Weise dringt in die Natur von Brahman ein,
ohne sich darum zu bemühen.

*

Verwirrte und unwissende Menschen nähren durch ihr Suchen die Illusion von Erleuchtung und merken nicht, dass sie damit in der Illusion des Weltenlaufs (*samsâra*) gefangen bleiben. Der Weise hat alles Suchen aufgegeben und damit das Problem an der Wurzel gelöst.

*

Nur Narren versuchen, Frieden und Gelassenheit durch ihren Willen zu finden und sie scheitern damit. Allein mit seinem Herzen nimmt der Weise die Wahrheit in sich auf und bleibt ewig gelassen.

*

Für jene, die innerhalb der Erscheinungswelt immer nur einzelne Dinge sehen, kann es keine Befreiung geben. Der erlöste Weise hingegen sieht in allen Dingen der manifestierten Welt immer nur das kosmische Bewusstsein, in dem diese erscheinen.

*

Der von der Existenz von Dingen Getäuschte muss kämpfend seinen persönlichen Geist kontrollieren. Der erlöste Weise hingegen, tief im Selbst verankert, lebt spontan und bedarf keiner Kontrolle.

*

Einige denken, dass es ein manifestiertes Universum gibt, andere leugnen es, aber selten tritt jemand auf, der über solche Gegensätze erhaben und daher immer gelassen ist.

*

Menschen mit begrenztem Verstand glauben zwar, das der Âtman nur Eines und ohne ein Zweites ist, dennoch wollen sie Âtman auf der Ebene der Objektwelt als ein persönliches Erlebnis erfahren. Da das aber nicht möglich ist, bleiben sie unglücklich.

*

Ein Unwissender, der sich Befreiung wünscht, findet sie nicht, weil sein Suchen nach Befreiung es verhindert. Nur Wunschlosigkeit führt zur höchsten Stätte. Ob er, der Bedürfnislose, mitten im Überfluss oder in einer Berghöhle lebt, ihm ist beides gleich.

*

Wer noch nicht frei von Wünschen ist, sieht in allem, was zum Vergnügen reizt, einen gefährlichen Tiger. Verängstigt flieht er in die sichere Kammer seines Verstandes und versucht, sein sinnliches Begehren zu kontrollieren.

*

Wer aber frei von Wünschen ist, sieht in den Sinnesfreuden einen zahmen Elefanten und tritt selbst auf wie ein Löwe, vor dem die Elefanten die Flucht ergreifen oder dem sie demütig dienen.

*

Ist die tiefe Einsicht einmal vollständig und unzweifelhaft erlangt, machen Übungen und Praktiken, die zur Befreiung führen sollen, keinen Sinn mehr. Ungefiltert durch Worte und Gedanken sieht, hört, berührt, riecht, schmeckt der Erlöste und lebt frei und zufrieden.

*

Wenn der zerspaltene, unerleuchtete Geist die Wahrheit vernommen hat und in sein Eins-Sein gelangt ist, lebt der Wissende fortan in

immerwährender Gelassenheit und bleibt
unberührt von richtig und falsch.

*

Vom Gefühl eigenen Bemühens und Machens
erlöst, wendet sich der Weise ohne Nachdenken
dem zu, was getan werden muss. Frei von
Eigennutz handelt er wie ein Kind.

*

Was allen Menschen wirklich von Wert ist, Glück,
Zufriedenheit, Gelassenheit und die höchsten
Wonnen des Geistes, sie alle werden durch Freiheit
hervorgebracht.

*

Wer tief erkannt hat, dass er selbst weder der
Handelnde noch der Erfahrende ist, verliert den
Drang, sich aktiv nach außen zu wenden.

*

Einfach, lauter und frei sind die Handlungen des
Weisen, der nicht mehr von seinem persönlichen
Willen beherrscht wird. Deutlich anders sind
dagegen die Handlungen jener, die eine künstliche
Ruhe zur Schau stellen, aber immer noch von
persönlichen Motiven gelenkt werden.

*

Menschen, die nicht mehr von Namen und
Formen verwirrt und nicht mehr von materiellen
Dingen angezogen sind, findet man in wohl-
habender Umgebung, aber auch in einsamen
Berghöhlen.

*

Ob er einen weisen Brahmanen, einen Halbgott
(*deva*), liebliche Frauen oder einen Fürsten erblickt,
kein Wunsch regt sich im friedvollen Yogi.

*

Auch wenn er die abfälligen Reden seiner Diener, Kinder, seiner Frau oder die Schmähungen von Übeltätern hört, steigt keine Unruhe in ihm auf.

*

Auch wenn er erfreut zu sein scheint, ist er nicht erfreut; auch wenn er mutlos zu sein scheint, ist er nicht mutlos. Nur jene, die so sind, wie er, können diesen seltsamen und wunderbaren Zustand verstehen.

*

Konventionen und Pflichten werden vom Wissenden, der seine Natur als all-durchdringend, gestaltlos, unbewegt und fleckenlos erkannt hat, als Element des Weltenlaufs (*samsâra*) angesehen.

*

Ablenkungen gibt es nicht mehr für den, der in sich selbst ruht und wahrhaft still geworden ist. Auch wenn er tätig ist, bleibt sein Herz ohne Bewegung.

*

Er lebt in dieser Welt frei wie der alles durchdringende Raum, unberührt von Wohl und Weh. Er ist tätig wie ein Mann der Welt, aber leidlos und rein.

*

Wie ein unbewegter See ist sein Gemüt. Zufrieden und ohne Erregung der Sinne, ohne Absichten und doch nicht niedergeschlagen, so ist das kindliche Gemüt des Yogi. Doch diesen Zustand des Herzens kennt nur, wer ihn besitzt.

*

Wer noch von Dingen angezogen oder abgestoßen wird, für den ist auch der Rückzug in die Stille ein Akt seines Willens. Wer nicht mehr von Dingen angezogen oder abgestoßen wird, bleibt auch in ständiger Tätigkeit innerlich still und gelassen.

*

Der Weise erkennt sein Wesen als das reine Bewusstsein, das die zahllosen Formen durchdringt. Leidlos, vollkommen ruhig und unsterblich ist er geworden. Die Empfindungen eines abgetrennten Lebens in der Natur, der Anhaftung und Loslösung, der Körperlichkeit, der Welt, des Ich-Bewusstseins und des eigenen Besitzes sind ihm verloren gegangen.

*

Die gewöhnlichen Menschen sind ständig damit beschäftigt, die Welt in Begriffe einzuteilen. Wer jedoch immer im gegenwärtigen Augenblick lebt, denkt, wenn es notwendig ist, und auch dann denkt er im Grunde nicht.

*

Er ist zwar tätig, doch in seinem Herzen über jedes Wirken erhaben, denn so stark ist das Bewusstsein der Nicht-Zweiheit (*advaita*) in ihm, dass die Handlungen, die er vollbringt, keine Spuren in seinem Geist hinterlassen.

*

Ehrwürdig und gesegnet sind die Befreiten (*mukta*), die den abwägenden Verstand überwunden haben und von den zeitlichen Bedingungen unberührt sind, auch wenn sie weiterhin wie gewöhnliche Menschen sehen, hören, fühlen, riechen oder schmecken.

Wie sollte es für diese Erlösten, die groß und unveränderlich wie das Weltall sind, noch einen Weltenlauf und dessen Hervorbringungen geben? Wie sollte es für sie noch einen geistigen Weg oder das Ziel geben, Erlösung zu erreichen?

*

Wer von allen Wünschen frei ist, erlangt die vollkommene Seligkeit, die die wahre Natur aller Wesen ist. Er ist für immer frei und lebt nur aus dem erlösten Herzen.

*

Aber nicht nur die Gier nach Sinnesfreuden, auch die Suche nach den Seligkeiten der Erleuchtung ist für Wesen, ausgestattet mit der großen Erkenntnis, überwunden. Wo auch immer sie sind, bleiben sie frei von Bindung.

*

Nichts bleibt mehr zu tun für den, der selbst das reine, fleckenlose Bewusstsein ist. Die Vielfalt des manifestierten Universums, das nur aus unterschiedlichen Namen besteht, hat er überwunden.

*

Mit unerschütterlicher Gewissheit kann er sagen, dass diese Erscheinungswelt nur eine Illusion ist und dass im Grunde nichts wirklich existiert. Beständig im wahren Selbst wohnend, genießt er die Stille.

*

Sitten und Gebräuche, Leidenschaftslosigkeit, Askese und Geisteskontrolle sind bedeutungslos geworden für den, der seine wahre Natur erkannt und den Glauben an eine Wirklichkeit außerhalb seiner selbst verloren hat.

*

Anhaftung und Befreiung, Freude und Leid haben keine Bedeutung mehr für den, der selbst wie das Universum leuchtet, sich in unendlicher Vielfalt manifestiert und eine vom Ganzen abgetrennte Wirklichkeit nicht kennt.

*

Mit der Erfahrung der spontan aufspringenden Erleuchtung wird das Vorhandensein eines materiellen Universums als Trug erkannt. Ohne den Gedanken an ein „ich" oder „mein" lebt der Weise ungetrübt und losgelöst von allen Dingen.

*

Wie könnte einer, der sich als eins mit dem unwandelbaren Einen erkannt hat und der frei von körperlichen Begehren und Sorgen ist, noch an materiellen Dingen oder weltlichem Wissen interessiert sein?

*

Die Praktiken der Geisteskontrolle und körperlichen Disziplin werden selten aufgegeben, ohne dass sich nicht noch einmal verdrängte Sehnsüchte und unterdrückte Wünsche machtvoll regen.

*

Auch wenn ein Mensch, der sich noch nicht ganz von den Dingen gelöst hat, die Wahrheit erfährt, kann er die Täuschung nicht überwinden. Durch Willenskraft mag er ruhig und gelassen erscheinen, aber sein Geist wird immer noch von der Gier

nach Dingen und dem Verlangen nach Sinneslust
hin und her geworfen.

*

Wem aber durch wahres Verstehen das
Bewusstsein für persönlich vollbrachte Taten
abhanden gekommen ist, hat keinen Grund mehr
zu reden oder zu handeln, obwohl er in den Augen
der Welt ein normales Arbeitsleben führt.

*

Der Weise, dessen Geist unbewegt und ohne Angst
ist, bleibt unberührt von Dunkelheit und Licht.
Wie sollte es für ihn, der weiß, dass nichts wirklich
existiert, noch irgendetwas zu verlieren geben?

*

Der Erlöste weiß, dass er kein eigenes,
abgesonderte Ich besitzt und dass seine wahre
Natur nicht in Worten ausgedrückt werden kann.
Wie sollte es für ihn, der sein göttliches Selbst
erkannt hat, noch ein Problem mit Geduld,
diskursivem Denken oder Angstlosigkeit geben?

*

Er ist über alle Sehnsucht hinausgewachsen.
Himmel und Hölle und das Lebendig-Erlöstsein
(*jivan-mukta*) ziehen ihn nicht an und stoßen ihn
nicht ab.

*

Der Geist des Erlösten sehnt sich nicht nach
Gewinn, fürchtet sich nicht vor Verlust und grämt
sich nicht um Nicht-Erreichtes. Sein Gemüt ist
friedvoll und daher stets voller Nektar.

*

Die Guten preist er nicht und die Bösen hasst er
nicht; erhaben über alles Sollen lebt er ungerührt

im Glück und im Missgeschick. Auch hofft er auf nichts, denn es gibt für ihn nichts zu erreichen.

*

Der Weise verachtet nicht den Weltenlauf (*samsâra*), noch sucht er nach Erleuchtung (*nirvana*). Überwunden sind die Gegensätze von Freude und Leid, Geburt und Tod.

*

Alle Sehnsucht nach Erlösung ist verschwunden, alle Anhaftung an Frau, Kinder oder Besitz ist ausgelöscht. Einen, der sich von allen Sinnesfreuden gelöst hat, interessiert nicht mehr, ob der Körper existiert oder vergeht.

*

Mit dem zufrieden, was sich ihm von selbst auf seinem Wege darbietet, wandelt er überall frei umher und streckt seinen Körper zur Rast dort aus, wohin auch immer sein Weg ihn geführt hat.

*

Im wahren Selbst ruhend, Geburt und Tod hinter sich lassend sorgt sich der Weise nicht mehr darum, ob sein Körper vergeht oder weiter existiert.

*

An nichts in dieser materiellen Welt mehr gebunden und ohne Verlangen nach Besitz hat der Erlöste die Gegensätze von mein und dein und alle Zweifel überwunden.

*

Im Allselbst einsam wohnend, frei von Ruhelosigkeit (*rajas*) und Trägheit (*tamas*), betrachtet er ohne Wertung den Kieselstein und das Gold. Wunschlos und mit klarer Einsicht begabt, erstrahlt er von Licht, ob er nun ein Bettler oder König ist.

*

In wessen Herz keine Spur von Begierde mehr ist, wer in Gleichmut und Bedürfnislosigkeit strahlt, wer könnte ihn noch übertreffen?

*

Nur wer wie er selber ist, kann den verstehen, der ohne Wünsche ist, der weiß, ohne zu wissen, der empfängt, ohne zu empfangen und der schweigt und dennoch spricht.

*

Mächtig und erhaben ist der, dessen Geist ungebunden und frei über den scheinbaren Widersprüchen und Gegensätzen der Welt schwebt, sei er ein Bettler oder ein König.

*

Der wahre Yogi, in seiner All-Natur wohnend, gekennzeichnet durch Unschuld und Aufrichtigkeit, wie könnte er noch ein Problem haben mit Zügellosigkeit und Beschränkung oder mit wahr oder falsch?

*

Das innere Wesen derjenigen, die wunschlos und aller Sorgen ledig sind, die immer ungerührt im großen Einen verweilen, wer könnte es erfassen?

*

Die materielle Welt hat keinerlei Macht mehr über ihn, den ruhevollen Yogi, der an nichts mehr gebunden ist. Schlafend, schläft er nicht; träumend träumt er nicht und wachend fühlt er sich nicht wach. Jeder Schritt bringt ihm Freude.

*

Er ist ohne Gedanken, auch wenn er denkt, er ist über alle Sinnesobjekte erhaben, selbst wenn er sich ihrer bedient. Er lebt nicht im Intellekt und ist doch intelligent; er ist ohne Egoismus, obwohl er ein Ego hat.

*

Weder voller Lust, noch voller Gram, weder voller Abscheu noch voller Begierde findet der Befreite allein Befriedigung in seinem göttlichen Selbst.

*

In Zerstreuung ist er nicht abgelenkt, in der Meditation nicht konzentriert, in der Lustlosigkeit nicht lustlos und auch wenn er Bildung besitzt, wirkt er ungebildet.

*

Der wahre Yogi, ständig im Selbst wohnend, jenseits von Verlangen, Leistung oder Pflicht und daher unberührt von den Ereignissen der Welt, kümmert sich nicht um Vollbrachtes noch um Nichtvollbrachtes.

*

An Schmeichelei findet er keinen Wohlgefallen und Trübsal kann ihn nicht erreichen; der Gedanke an den Tod regt ihn nicht auf und die Verlängerung seines Erdenlebens lässt ihn nicht frohlocken. Ein solcher Mensch ist wahrhaft reich gesegnet.

*

Überall und unter allen Umständen derselbe sucht der Befreite nicht die Einsamkeit der Wüste, noch scheut er den Lärm der Menge.

König Janaka:

Im Höchsten wohnend habe ich in mir mit dem
Werkzeug der Selbsterkenntnis die Dornen des
Zweifels, der Urteile und Meinungen allesamt
herausgezogen.

*

Im Höchsten wohnend ist mir der Sinn für
Wünsche und Besitz geschwunden und die
Begriffe der Zweiheit, Nicht-Zweiheit und
Verschmelzung sind für mich wertlos geworden.

*

Verschwunden sind Vergangenheit, Gegenwart und
Zukunft. Auch Raum, Zeit und Ewigkeit existieren
für mich, der ich im Höchsten wohne, nicht mehr.

*

Ich habe, im Höchsten wohnend, nichts mehr zu
tun mit Ich und Nicht-Ich, gut und schlecht. Auch
Angst und Furchtlosigkeit haben für mich keine
Bedeutung mehr.

*

Im Höchsten wohnend bin ich erhaben über
Traum, Schlaf, Wachsein und auch über einen
vierten Zustand jenseits von Traum, Schlaf und
Wachsein.

*

Wo ist für mich, der ich im Höchsten wohne, so
etwas wie nah und fern, innen und außen, groß
und klein, grob und fein?

*

Was kümmern mich, der ich im Höchsten ruhe,
Leben, Tod, Pflicht und Menschensitte, geistige
Versenkung und Verzückung?

*

Allem Denken an Niedriges und Hohes bin ich, in
meiner wahren Geistesgröße stehend, entrückt.
Auch Yoga und Weisheit sind für mich nicht mehr
von Bedeutung.

*

Die Sinnesobjekte, der Körper, die Sinnesorgane
und der Geist sind meinem von Grunde aus
makellosen Selbst ein Nichts.

*

Geschwunden sind mir, der ich in der höchsten
Erkenntnis wohne, Wünsche und Wunschlosigkeit.
Was brauche ich noch fromme Bücher und
gelehrtes Wissen über die Natur des Selbst?

*

Was kümmern mich in meiner Einheit die
Empfindungen des Ich und mein, des dies und
das? Keine Bedeutung haben mehr für mich, der
ich jenseits des Sinnlichen wandle, Begierde und
Befriedigung.

*

Was gelten mir, der ich von nichts verschieden bin,
Karma und die Erlösung bei Lebzeiten (*jivan-
mukta*)? Ich bin vom Grunde her ungeschaffen und
frei von Taten und deren Folgen.

*

Was gelten Handelnder, Nicht-Handelnder,
Genießender und die Frucht der Taten (*karma*) mir,
der ich Ich-los und über das Materielle erhaben
bin?

*

Für mich existiert keine materielle Welt mehr, kein
Suchen nach Wahrheit, kein Yoga und kein Wissen.

Wo könnte es für mich, der ich in Nicht-Zweiheit
weile, noch Knechtschaft und Befreiung vom
Kreislauf der Geburten (*samsâra*) geben?

*

Für mich existiert weder Schöpfung noch
Vernichtung, weder Weltenende noch Weltenlauf.
Wo könnte es für mich, der ich in Nicht-Zweiheit
weile, noch Suchen und Erlangen geben?

*

Wie könnte es für mich, in meinem von Gedanken
freien Zustand, noch ein Wissen, einen Weg zum
Wissen, einen Gegenstand der Erkenntnis und
etwas wirklich Erkanntes geben?

*

Wie könnte es für mich, in meinem reglosen
Zustand, noch Ablenkung und Konzentration,
Wahrheit und Täuschung oder Freude und
Schmerz geben?

*

Wie könnte es für mich, in meinem von Gefühlen
freien Zustand, noch Relatives und Absolutes,
Glück und Unglück geben?

*

Wie könnte es für mich, in meinem an nichts
gebundenen Zustand, noch Weltenschein (*mâyâ*)
und Weltenlauf (*samsâra*), Anhaftung und
Loslösung, Einzelleben (*jiva*) und All-Selbst
(*brahman*) geben?

*

Wie könnte es für mich, der ich unerschütterlich im
Selbst verwurzelt bin, noch Tätigkeit und
Untätigkeit, Bindung und Befreiung geben?

*

Was kümmern mich in meinem vollkommen reinen Selbst noch geistige Unterweisung, Guru und Schüler? Welche Pflichten sollte ich haben, was könnte meine Freiheit begrenzen?

*

Wie ein Berg stehe ich jenseits von Sein und Nicht-Sein, jenseits von Einheit und Dualität. Ich bin in keine Handlung mehr verstrickt und in meiner Ungeteiltheit gehen keine Taten mehr von mir aus.

Glossar:

A

abhâva – Nicht-Existenz

abhyâsa – Übung, Yoga-Praxis

advaita – Nicht-Zweiheit

ahimsa – Gewaltlosigkeit

akarma – Nicht-handeln, eine Handlung, die keine Reaktion verursacht

âkâsha – Das Alldurchdringende, Äther oder auch der leere Raum

ânanda – Wonne, Freude, Seligkeit

asat – Zeitgebunden, nicht-ewig, die Eigenschaft alles Materiellen

âsana – Sitzhaltung, Körperstellung im Yoga

asmitâ – Ich-Bewusstsein, Ich-Illusion

âtman – Das göttliche Selbst, das allen Dingen und den Menschen innewohnt

avidyâ – Nicht-Wissen, Unwissenheit in Bezug auf existentielle und metaphysische Gegebenheiten

B

baddha – Unerlöst, gefesselt, gebunden

bhagavân – Der Erhabene, einer, der vollkommen selbstverwirklicht ist

bhakti – Anbetung, Hingabe

bhakti-yoga – Yoga-Weg der Hingabe an das Göttliche; ohne den Aspekt der Hingabe bleiben Erkenntnis und Handeln seelenlos und leer

bhoga – wörtl. Essen, Genuss. Der Begriff wird vor allem im Hinblick auf den Genuss weltlicher Freuden gebraucht und ist damit ein Gegenbegriff zu Erlösung und Freiheit.

brahmâ - Innerhalb der hinduistischen Trinität (*trimûrti* = *brahma-vishnu-shiva*) vertritt der Gott Brahmâ den Aspekt der Schöpfung. Nicht zu verwechseln mit >*brahman*

brahma-nirvâna – Zustand der Seligkeit und der Befreiung von weltlichen Bindungen.

brahma-sûtra – Aphorismensammlung der Vedânta-Philosophie, auch als Vedânta-sûtra bekannt

brahman – Das All-Eine, Allumfassende, Göttliche; zentraler Begriff des Hinduismus, der den unpersönlichen, gestaltlosen Aspekt des Göttlichen bezeichnet

buddhi – Unterscheidungskraft, Intelligenz

buddhi-yoga – Bezeichnet den „Yoga der unterscheidenden Weisheit"; Selbsterkenntnis wird in dieser Form des Yoga durch wachsendes Unterscheidungsvermögen gewonnen

C

cit – Reines oder absolutes Bewusstsein, das ohne Verlangen, Leidenschaften und Egoismus ist

citta – Das Wort entspricht in etwa dem, was wir im Deutschen als „Geist" bezeichnen. Es umfasst die geistig-seelischen Funktionen des Menschen

cittâni – Die sog. „erschaffenen Geister" werden von fortgeschrittenen Yogis bewusst erzeugt, um die Wirkung vergangener Handlungen (>*karma*) schneller unwirksam werden zu lassen

D

devas – Halbgötter; Wesenheiten, die zwischen Göttern und Menschen stehen; in der westlichen

Kultur den Engeln vergleichbar
dhârâna – Aufmerksamkeit, Ausrichtung des
Geistes auf einen Gegenstand; sechstes der acht
Glieder des Yoga-Pfades
dharma – Ewiges Gesetz, kosmische Ordnung;
bezeichnet im Buddhismus die Lehre des Buddha
dhyâna – Meditation; das Sanskrit-Wort „Dhyâna"
führt in direkter Linie über das chinesische „Chan"
zum japanischen Begriff „Zen"
dukkha – Leiden im Sinne der grundlegenden
Leidhaftigkeit des Daseins
dvaita – Zweiheit, Dualität

G

gita – Lied, Gesang; mehrere heilige Texte Indiens,
wie die Ashtavakra-Gita, die Avadhûta-Gita etc.,
werden, da sie tatsächlich gesungen wurden, als
Gita bezeichnet. In der Kurzform ist jedoch immer
die Bhagavad-Gita gemeint
gunas – die drei Grundeigenschaften der Natur
„sattva-guna", „raja-guna" und „tama-guna"
guru – wörtl. schwer, gewichtig; spiritueller Lehrer

H

hanumân – Der „Affengott" ist eine mythologische
Figur aus dem hinduistischen Götterpantheon.
Hanumân ist halb Affe, halb Mensch, kann fliegen
und hat ungeheure, magische Kräfte
himsâ – Gewalt, Grausamkeit. Gegenbegriff zum
bekannteren >*ahimsâ* = Gewaltlosigkeit

I

indra – König der Götter
ishvara – Herr, Meister; Gott in seiner
herrschaftlichen, allmächtigen Gestalt

J

jiva – die individuelle Person, das „Ich"
jivan-mukta – lebendig-erlöst; jemand, der zu seinen
Lebzeiten die Erleuchtung erlangt hat
jnâna – Wissen, Weisheit, spirituelle Einsicht
jnâna-yoga – Yoga der Erkenntnis; einer der
Hauptrichtungen des Yoga. Einsicht in das
allumfassende Brahman wird durch
unterscheidende Weisheit und meditative Übungen
gewonnen

K

kaivalya – Losgelöstheit, Zustand der
vollkommenen Erlösung und Befreiung
kalpa – Weltzeitalter, Weltperiode; die ungeheure
Zeitspanne, in der ein Universum entsteht und
wieder vergeht, ist für Brahmâ nur ein Tag und
eine Nacht
kâmaduh – mythische Kuh des Gottes Indra, die die
Fähigkeit hat, alle Wünsche zu erfüllen
karma – wörtl. Handlung, Tat; wichtiger Begriff im
Hinduismus und Buddhismus, der verschiedene
Bedeutungen umfasst. Am bekanntesten ist er im
Sinne von „Vergeltung begangener Taten", was zu
neuen Geburten führt
karma-yoga – Yoga-Weg des Handelns; der Karma-
Yogi bringt sein Tun und die Früchte seines Tuns
Gott als Opfer dar

krishna – vollkommene Inkarnation des Gottes
kriya-yoga – Yoga der heiligen Handlungen; der
Kriya-Yoga besteht aus Askese, Studium und
Hingabe an Gott
kshatriya – die Kaste der Krieger und Beamten

M

mantra – Gebetsformel; durch das Wiederholen
heiliger Silben wird ein besonderer, meditativer
Geisteszustand hervorgerufen
mâyâ – Illusion, Täuschung; im Hinduismus gilt der
„Schleier der Mâyâ" als das, was der Erkenntnis der
All-Einheit allen Seins im Wege steht. Die
wesentlichen Aspekte der Mâyâ, die den Geist
vernebeln, sind Vielfältigkeit, Zeitlichkeit und
Körperlichkeit
moksha – Erlösung, Befreiung; im Yoga wird dieser
Aspekt > *kaivalya* genannt
mukta – befreit, erlöst, ungebunden
muni – ein Weiser

N

nirodha – Anhalten, Stillegen, Zur-Ruhe-kommen
nirvana – wörtl. „Verlöschen", „Verwehen";
Zustand der Befreiung von allen weltlichen
Bindungen.
niyama – Disziplin, Selbstbeherrschung; zweites der
acht Glieder des Yoga-Pfades

O

OM – Urklang, Ursilbe; aus dem heiligen OM, dem
lautlichen Ausdruck der Urschwingung, ist das
Universum hervorgegangen

P

paramâtman – das höchste Selbst, die ewige, unvergängliche Seele bzw. der Kern des Menschen

prajnâ – Weisheit, Erkenntnis

prakriti – Urnatur, Urmaterie; aus der Prakriti, die von den drei Eigenschaften (>*gunas*) bestimmt wird, entsteht das phänomenale Universum

prâna – Atem, Lebenskraft

prânâyâma – Regelung der Atemtätigkeit; viertes der acht Glieder des Yoga-Pfades

pratibhâ – Intuition, Geistesgegenwart

purusha – Mensch, Essenz des Menschen, aber auch „das höchstes Wesen" oder „göttliche Persönlichkeit"; Purusha ist ein wichtiger Begriff der Yoga-Philosophie, er bezeichnet das Unbewegte, Unwandelbare gegenüber der sich stetig wandelnden und bewegten Urnatur (>*prakriti*).

R

rajas – wörtl. „Staub"; die zweite der drei gunas, die sich als aktives Streben, als Gier, Leidenschaft, Unrast und Wagemut äußert

rishi – Seher; vom Göttlichen inspirierter Dichter

S

samâdhi – wörtl. „Verbindung", „Vereinigung"; bezeichnet einen Zustand tiefer, meditativer Versenkung

samkhya - Weg der Erkenntnis durch Einsicht bzw. Reflexion

samsâra – Kreislauf von Geburt und Tod, steht

synonym für die Leidenswelt

samyama – wörtl. „Sammlung", „Konzentration",
„Selbstbeherrschung"; mit samyama werden die
drei letzten Glieder des Yoga-Pfades (dhârâna,
dhyâna, samâdhi) bezeichnet, die eng miteinander
verwoben sind

sattva – Reinheit, Klarheit, Ausgeglichenheit; eine
der drei Gunas

shâstra – geoffenbarte Schrift

shiva – Innerhalb der hinduistischen Trinität
(trimûrti = brahma, vishnu, shiva) vertritt der Gott
Shiva den Aspekt der Auflösung und Zerstörung.
Als Zerstörer von Unwissenheit verfügt er aber
auch über eine positive, segensreiche Natur

siddhi – verborgene, okkulte Kräfte

sukkha – Glück, Freude, Wonne; Gegenbegriff zu
dukkha = Leiden

sûtra – wörtl. „Faden"; Werke, die aus kurzen
Abschnitten, Leitsätzen, Aphorismen,
zusammengefügt sind

T

tamas – Dunkelheit, Trägheit, Unwissenheit; eine
der drei Gunas

tat – wörtl. „das". „tat" steht synonym für das
unaussprechliche, letzte Seinsprinzip.

tat-tvam-asi – wörtl. „das bist du"; Wichtiger
Lehrsatz der Vedânta-Philosophie, der auf die
göttliche Natur eines Menschen hinweist

trimûrti – dreigestaltig; gemeint ist die Dreiheit von
Brahmâ, Vishnu und Shiva, die als Schöpfer,

Erhalter und Vernichter Aspekte der einen
höchsten Wirklichkeit sind
tyâga – Entsagung, Loslösung

U

upanishaden – wörtl. „nahe bei jemandem sitzen";
bei den auch als „Geheimlehren" bezeichneten
Upanishaden handelt es sich um 108
philosophische Texte, die den Abschluss der
vedischen Schriften (> *vedânta*) bilden

V

vaishya – im indischen Kastensystem Bezeichnung
für den dritten Stand: Bauern, Kaufleute
varna – Kastensystem der indischen Gesellschaft
im Sinne der vedischen Literatur: 1. Priester, Lehrer
(*brâhmanas*), 2. Krieger, Verwalter (*kshatriya*), 3.
Bauern, Kaufleute (*vaishya*), 4. Arbeiter,
Handwerker (*shûdras*)
vasudeva - der Vater Krishnas
veda, veden – wörtl. „Wissen"; zusammenfassende
Bezeichnung für die ältesten Texte der indischen
Literatur. Die Veden bestehen aus vier
Traditionslinien: 1. Rigveda, der Veda der Verse; 2.
Sâmaveda, der Veda der Lieder; 3. Yajurveda, der
Veda der Opfersprüche und 4. Atharvaveda, der
Veda des Atharvan, der Formeln für die
Gesundheit und die Sicherheit der Gesellschaft
enthält
vedânta – wörtl. „Ende der Veden"; die *vedânta-
sutras* des Bâdarâyana bilden die Grundlage der
Vedânta-Philosophie, mit denen die religiösen
Vorstellungen der Veden überwunden werden.

vijnâna – Erkenntnis, Intelligenz, Einsicht
vikarma – „Sünde"; Handlungen, die den Anweisungen der heiligen Schriften entgegenstehen
Vishnu – wörtl. „der alles Durchdringende"; zweiter der göttlichen Dreiheit (*trimurti*) Brahma-Vishnu-Shiva; Vishnu gilt als Erhalter der Schöpfung
viveka – Unterscheidungsfähigkeit im Hinblick auf metaphysische Fragen

Y

yama – äußere Disziplin, moralische Selbstbeherrschung; das erste der acht Yoga-Stufen im System Patanjalis; in einer anderen Bedeutung ist Yama der Gott des Todes und Herr der Unterwelt
yoga – Vereinigung, Kontakt, Verbindung; zu den klassischen Yoga-Wegen zählen: Hatha-Yoga, Mantra-Yoga, Kundalini-Yoga, Yantra-Yoga, Bhakti-Yoga, Dhyâna-Yoga, Samâdhi-Yoga, Kriya-Yoga, Karma-Yoga, Savikalpa-Samâdhi-Yoga, Laya-Yoga und Jnâna-Yoga. Daneben sind aber in jüngerer Zeit neue Yoga-Wege, wie z. B. der „Integrale Yoga" des Lehrers Sri Aurobindo eingeführt worden
yogamârga – der Weg des Yoga
yogi – ein Yoga-Übender bzw. einer, der im Yoga Vollendung erlangt hat
yuga – Weltzeitalter, Zeitalter; in der indischen Tradition werden vier Weltzeitalter unterschieden,

die sich ständig wiederholen. Es sind: 1. Satya-yuga, 2. Tetrâ-yuga, 3. Dvâparna-yuga und 4. Kali-yuga. Zusammengenommen währen die vier Yugas, in deren Verlauf die guten Eigenschaften immer mehr abnehmen, 4.320.000 Menschenjahre.

Über den Verfasser:

Detlef B. Fischer wurde 1952 in
Haltern/Westfalen geboren. Studium Design und
Kunst in Düsseldorf und Münster. Praxis der Zen-
Meditation seit dem Jahr 1976. Im Jahre 1980
erhielt er in Paris die Ordination zum Zen-Lehrer
„Sojo Bosatsu" durch den japanischen Zen-Meister
Taisen Deshimaru. Nach dem Tod Deshimarus
weiteres Studium bei verschiedenen Lehrern, u. a.
bei Thich Nhat Hanh, Baker Roshi, Seung Sahn
und Ryotan Igarashi. Schriftstellerische Tätigkeit
seit den 90er Jahren des vorigen Jahrhunderts.
2019 erschien "Neo-Zen / Grundzüge eines
westlichen Buddhismus", 2021 "Das Tao der
Kunst".
YouTube Kanal: Neo-Zen . Detlef B. Fischer

Zeitfracht Medien GmbH
Ferdinand-Jühlke-Straße 7
99095 Erfurt, Deutschland
produktsicherheit@kolibri360.de